Couvertures supérieure et inférieure
manquantes

LETTRE

SUR

L'HISTOIRE DU PERTHOIS

(XIVe SIÈCLE)

PAR

H. BOUCHOT,

De la Bibliothèque Nationale.

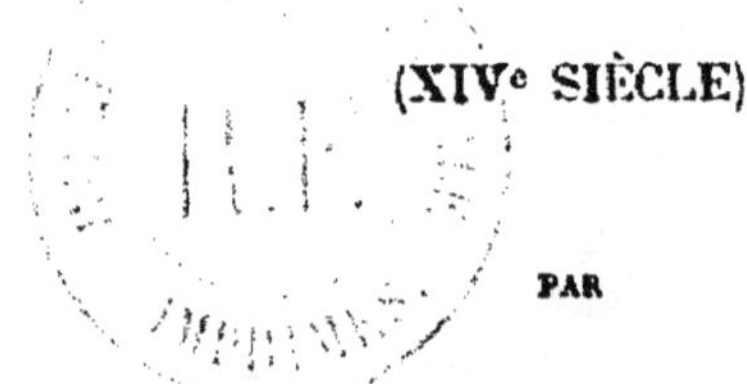

VITRY-LE-FRANÇOIS

Typographie PESSEZ et Ce, rue Dominé de Verzet, 13.

1880

LETTRE SUR L'HISTOIRE DU PERTHOIS

(XIVᵉ SIÈCLE).

———

Une chose dont conviendront sans peine
les gens éclairés qui voudront bien lire
cette courte étude, c'est que rien n'est
plus obscur, plus inconnu, et nous allions
dire, plus impossible à connaître que ne
l'est l'histoire du Perthois avant la ruine
de Vitry par l'empereur Charles-Quint.
Autant, depuis la fondation de la ville
nouvelle, les documents abondent, les ren-
seignements deviennent sûrs, autant l'histoire tristement lugubre du vieux territoire paraît s'être perdue dans les bou-
leversements politiques, comme ces cités
de l'ancien monde enfouies sous les lacs,
et dont toute trace et tout souvenir ont dis-
paru à jamais. Il y a bien de temps à autre
quelqu'épave échappée par miracle aux
guerres, un cartulaire d'abbaye, un acte
de vente, qui viennent témoigner du passé;

malheureusement leur petit nombre em-
pêche de les mettre efficacement en œuvre ; le trait d'union qui pourrait relier
entre eux ces documents disparates nous
manque. Réduit à conjecturer, l'historien
risque de suivre la voie fausse, de s'éga-
rer, et le plus souvent le découragement
le prend dès la première heure. Vous
vous expliquerez ainsi très-bien qu'avec
les forces vives dont peut disposer une
ville comme Vitry, il arrive que néces-
sairement les études locales se trouvent
limitées aux temps pour lesquels les té-
moignages sont nombreux, de Henri IV
par exemple à la Révolution française,
c'est-à-dire à une période de 250 ans au
plus.

Est-ce à dire que l'on ne puisse rien
apprendre sur le Perthois, cette vieille
province de Champagne, frontière du Bar-
rois, sans cesse envahie par les armées,
petites ou grandes, françaises ou autres,
qui pendant trois siècles au moins, la parcoururent en tous sens ? Nous croyons
pouvoir affirmer que l'on trouvera beaucoup si l'on cherche bien, mais la besogne
sera longue et délicate. Et d'abord l'historien plein de zèle qui la voudra tenter

ne devra point compter trop sur les dépôts d'archives de Champagne ; ceux-ci, en effet, renferment une foule d'actes domaniaux, d'insinuations notariales, de minutes de procès, dont il est assez difficile de tirer des conclusions purement historiques. Ensuite il lui faudra s'installer longtemps à Paris, compulser plus de cent gros registres du Trésor des Chartes, lire des pièces sans nombre, copier énormément, et coordonner ses recherches, pour arriver à faire un gros volume que peu de gens liront, mais qui aura le mérite de demeurer, comme le livre des Vaissette ou des Calmet pour le Languedoc ou la Lorraine, une sorte de dictionnaire, où viendront puiser les savants de l'avenir. Même, si cette gloire ne tentait pas, et que, plus modeste, il voulût se contenter de composer un in-8° ordinaire, nous lui citerions un bon modèle, l'histoire de Du Guesclin, par M. Siméon Luce, où, sous la méthode d'investigation rigoureuse et patiente, se cache un réel talent d'écrivain français et de vulgarisateur habile. Mais dans l'un et l'autre cas la tentative ne sera fructueuse qu'au prix d'efforts et de travaux incessants.

Les registres du Trésor des Chartes, déposés aux Archives Nationales, sont les grands registres de la Chancellerie française dans lesquels on insérait au fur et à mesure de leur expédition tous les actes émanés de la Cour royale. Imaginez un immense copie-lettres où se trouveraient transcrits tous les décrets du Président de la République, ce qui serait déjà une grande chose : mais si vous ajoutez à cela que ce Président de la République pourrait remettre leurs peines aux criminels, et que dans les lettres de pardon seraient relatées toutes les circonstances du crime, vous comprendriez quel énorme intérêt historique prendrait ce copie-lettres, surtout en temps de guerre ou de révolution. C'est dans un recueil de ce genre, continué sans interruption depuis Philippe le Bel, que les chercheurs ont le plus à glaner, et glaner est bien le seul mot qui peigne ce travail. La Jacquerie, la guerre de cent ans, les grandes Compagnies ont laissé tour-à-tour de leurs traces dans les lettres royales, mais par fragments, par lambeaux qu'il faut patiemment découvrir parmi les anoblissements, les rémissions aux feudataires rebelles, aux villes soulevées. Ce mode de travail indiscutable a donné jusqu'à ce jour les plus inespérés résultats. Que de faits d'histoire inconnus passés subitement en pleine lumière ! Que de faits célèbres redevenus tout-à-coup les simples et anodines historiettes qu'ils n'auraient jamais dû cesser d'être !

Poussé par des recherches sur les débuts de la guerre de cent ans dans la Picardie, nous avons incidemment recueilli quelques pièces concernant la Champagne, au hasard et sans but déterminé. Nous l'avouerons sans peine, la curiosité seule nous guida dès l'abord. Puis, nous songeâmes à utiliser en remarques les pièces ainsi réunies, et finalement leur nombre et leur importance nous semblèrent mériter une note que nous livrons simplement, sans étude préalable, aux travailleurs du Perthois. Nous nous excuserons de deux choses : la première de n'avoir guère suivi de plan dans ces récits ; la seconde de nous être limité à dix ou quinze ans, c'est-à-dire de la déroute de Poitiers, à l'année 1369 ; nous avons dû, faute de temps, nous en tenir là.

Mais, avant toute chose, il n'est point

sans importance de prémunir le lecteur contre une appréciation exagérée des faits que nous allons raconter. Juger les gens d'il y a cinq siècles, avec la rigueur et la sévérité de l'esprit moderne serait une grande faute : il est bon de ne pas oublier que l'autonomie française, que l'idée de patrie, était loin d'avoir trouvé sa formule au milieu du chaos de ces vieux temps. Souvent, dans l'intervalle d'une année, les gens de telle ou telle province de la France actuelle avaient combattu trois fois pour Monseigneur le Roi de France, et peut-être quatre fois contre lui, au gré du caprice et des intérêts de leur seigneur et maître. Il arrivait ainsi que d'instant en instant, suivant qu'il était avec ou contre eux, le Roi publiait en leur faveur des grâces pour les injures passées, ou fulminait de terribles sentences afin d'entraver leur action ou de dompter leur énergie. Il faut vraiment lire pièce après pièce toutes les palinodies, toutes les bassesses des anciens barons de la terre de Champagne, étudier dans leur tristesse les plaintes des paysans, des *Jacques*, comme on les nommait alors, pour se faire une juste idée de ce que pouvait être

le désordre et l'anarchie dans le Perthois
sous le règne du roi Jean-le-Bon. Et, di-
sons-le, la question n'est point ici de
savoir qui avait tort ou raison dans ce
désarroi ; seulement il arrivait que Jacques Bonhomme payait souvent, recevait
bien des coups, et ne criait pas toujours
au gré de ses infortunes et de son malaise.

En 1356 aux environs du désastre de
Poitiers, Anseau de Garlande, seigneur
de Possesse, avait frappé sur la joue un
jeune écuyer de Champagne nommé
Henry de Varennes (¹). Beaucoup de
terribles guerres n'avaient point de cause
aussi sérieuse, et Henry, l'offensé, avait
le sang vif et la main prompte. Malheureusement ce furent les gens d'Anseau,
et non lui, qui pâtirent de la sottise.
Réunissant nombre de jeunes seigneurs
qui s'armèrent et accoutrèrent en guerre
déclarée, Henry arriva devant la ville de
Ville-Hardouin, qui était alors du domaine d'Anseau. Dans la ville ils prirent tous les hommes, tuèrent les pau-
vres, rançonnèrent les riches, violèrent
femmes et filles, et poussant devant eux
un troupeau énorme de bêtes et de gens,

(1) *Archives Nationales* JJ. 96, folio 85.

traînant les meubles sur des charrettes, ils revinrent au château de Bize, où demeurait Henry de Varennes. C'étaient là déprédations ordinaires, et les meurtres ne comptaient pas : seulement la coutume de Champagne prononçait que : « l'on ne » doie prendre aucunes bestes ou fait de » guerre, fors seulement à la personne » contre qui l'on a guerre. » Ainsi par ce passage de la loi alors en vigueur, les guerres privées étaient réglées, et Henry n'avait contre lui que d'avoir volé bêtes et meubles aux vassaux de son ennemi. Tout occupé ailleurs Ansoau de Garlande chercha à transiger. Des trèves intervinrent, les sergents royaux s'entremirent complaisamment. Que fit l'un d'eux au bouillant sire de Varennes ? On ne sait trop. Le fait est cependant que Henry le roua de coups « et luy fit sanc. »

C'était encore bien là sa moindre peccadille. A la faveur des guerres Henry de Varennes avait tenu en garde le château fort d'Ormoy. Pour une cause ou pour une autre, M. de Moy le lui avait retiré en vertu de ses pouvoirs de chef supérieur. La colère du jeune écuyer en avait été si grande qu'il attaqua séance tenante

la forteresse de Horthes près Langres,
dans laquelle il comptait bien rencontrer
et prendre M. de Moy. Trompé dans cette
espérance il fit main-basse sur la ville,
dans laquelle il brûla et massacra tout
pendant une grande journée, si bien qu'à
la fin les habitants se soulevèrent, coururent sus à l'écuyer et lui blessèrent mor-
tellement un cheval de guerre. Henry
prit la fuite, mais non sans butin : il em-
menait de son expédition un troupeau de
cinquante bêtes à cornes destinées à son
château. Et que pouvait le Roi de France,
fort empêché de ses tristes affaires, ou le
pauvre dauphin Charles ? Henry de Varennes continua, et, l'année d'après, étant
entré en hostilités ouvertes avec Guy de
Grammont, il vint en forces attaquer un
hôtel qu'il savait relever du fief de Guy et
tenta de l'incendier. Ici encore les habitants se défendirent et pourchassèrent le
seigneur ; mais Henry ne se décourageait
point. Il reprit l'offensive avec une bonne
troupe, tua les mécontents et mit à mal
quantité de filles et de femmes. Il paraît
d'ailleurs que la faim le forçait à sortir de
sa forteresse de Bize ; il courait le pays
pour la ravitailler et ravageait ainsi les

environs de Langres. Quand les guerres
royales furent dans le pays, le brigand
redevint pour un instant le chevalier de
Champagne courageux, et le féal allié du
Roi de France. Assiégé dans la place de
Bar-sur-Seine (¹), il s'y montra de si
grande valeur, que le roi n'hésita plus à
lui remettre ses fautes passées. Au surplus Henry était si jeune au temps de ses
premiers errements ! Il invoque cette
circonstance atténuante, et la prescription
de huit années qui le sépare de ces mé-
chantes aventures. En août 1364 le Roi
pardonna tout au chevalier.

Pourquoi le Roi de France se fût-il
montré sévère ? Ses gens eux non plus
ne se gênaient point pour tuer ou piller à
leur guise. Dans ce même château de
Bar-sur-Seine dont il vient d'être parlé,
Perrinet de Chaumont combattait pour
ceux de France. Or, dit la pièce que nous
analysons,(²) « En ladite fôrteresce estoient
» grant quantité de fors occupez par les
» Engloiz nos ennemiz. » Ce voisinage
très-rapproché de leurs adversaires achar-

(1) Les Anglais avaient tenu le château en 1359 et y
avaient brûlé plus de 900 maisons.
(2) *Archives Nationales,* JJ. 96, folio 115.

nés mettait les assiégés dans l'obligation
de recourir aux pillages pour faire des
vivres ou des munitions, et ils en abu-
saient. Plus tard Perrinet avait quitté
Bar-sur-Seine pour le château de Jeaucourt près Bar-sur-Aube. Ici encore la
fortune des combats le réduisait aux ex-
pédients, et, de concert avec Philippe de
Jeaucourt, il ravageait le territoire de la
riche abbaye de Montiérender. Alors leurs
incendies, leurs vols ne se comptaient
plus. Sans respect pour les moines, ils
couraient les villages, levaient des trou-
peaux entiers, et comme ces déprédations
se faisaient sous le couvert du Roi, celui-
ci ne se montra point disposé à préférer
« rigueur de justice à clémence et misé-
» ricorde ». Perrinet de Chaumont reçut
ainsi l'absolution complète, et s'il n'eut
point la contrition parfaite, la faute en
était aux Anglais assurément et point au
bon chevalier de France.

On comprend que ces hostilités inces-
santes, de peuple à peuple, de province à
province ou de seigneur à seigneur, de-
venaient un prétexte aux coupeurs de
bourse pour tenir les grands chemins sous
couleur de guerre. Arnaud de Sainte-

Livière a des difficultés avec la comtesse
de Bar : les partisans de l'un et l'autre
battent les champs (¹). Dans un voyage
qu'il faisait pour son compte, un jeune
gentilhomme d'une vingtaine d'années
nommé Huchon des Planches, rencontra
sur sa route trente hommes armés de
hallebardes et d'écus, lesquels l'engagè-
rent à les suivre. Ils étaient, disaient-ils,
au sieur de Sainte-Livière et marchaient
contre madame la comtesse. Aventureux
et borné, Huchon se laissa persuader, et
comme son escarcelle n'était guère bien
garnie, il comptait la remplir du coup
aux dépens de la riche dame de Bar. Il
accompagna donc les trente compagnons
jusque dans une ville, qu'il sut depuis
être Vienne-le-Château, où ils firent butin de tout ce qui s'offrit à eux en bétail,
meubles ou gens rançonnables. Le soir
venu, ils partirent traînant à leur remor-
que leur jeune recrue, qui avait beso-
gné de gaîté de cœur. A « Courtisieu »
(Courtisols), sur la route de Châlons, ils
se mirent en devoir de troquer leurs
prises, et pour ce faire ils assemblaient
les paysans et commençaient les enchères,

(1) *Archives Nationales*, JJ. 93.

quand le bruit courut subitement de l'arrivée d'un gros personnage. M. l'abbé de La Chalade (¹), de l'ordre de Citeaux, au diocèse de Verdun, passait par le village se rendant à Châlons. Ce fut une aubaine que les trente vauriens ne laissèrent point aller aux hasards des chemins. Ils arrêtèrent simplement l'abbé et le mirent à rançon. Cette fois Huchon Des Planches tombait des nues ; La Chalade n'était point du domaine de la comtesse, il le savait sûrement. Il refusa tout net de s'entremêler dans le débat, trop heureux de se pouvoir sauver dans la soirée et quitter la Champagne, par crainte de ses compagnons ou des justiciers du Roi.

Nous avons nommé les *Jacques*, cette insurrection immense née parmi le peuple des guerres entre nobles et des vexations sans nombre dont nous parlions tout-à-l'heure. La Jacquerie fut en Champagne une horrible révolte où pendant plus d'une année rien de stable et de durable ne se fit, où les paysans erraient

---

(¹) La Chalade (Meuse) ancienne abbaye de Cisterciens. L'église est classée parmi les monuments historiques ; elle renferme des peintures du XIV⁰ siècle, peut-être commandées par l'abbé qui nous occupe ici. Celui-ci n'est pas nommé au *Gallia Christiana*.

en foule sans maison, enragés de misère
et de colère et brûlant les châteaux. On
a voulu voir dans ce mouvement popu-
laire, une sorte de réveil national après
la défaite de Poitiers, une protestation
des gens de poueste, des vilains contre
les beaux seigneurs qui s'étaient laissé
battre vers Maupertuis à plus de quatre
contre un. Nous ne croyons pas que la
Jacquerie ait eu des causes si lointaines.
Bien avant Poitiers les horreurs des
guerres privées ne laissaient plus aux
campagnards que le repaire des bois
ou le refuge des cavernes (¹). Dans les
villes, si les bourgeois n'étaient point
non plus ménagés par les fourrageurs et
les pillards, ils pouvaient au moins résister à une troupe d'une certaine importance, ce que ne faisaient pas les trente
ou quarante hommes valides d'un village,
armés de bâtons ou de fourches de fer.
Il s'ensuivait que tous maintenant fuyaient
leurs cabanes, se mettaient en masse et
pillaient à leur tour pour vivre. Depuis
la déroute de Poitiers, c'était encore
les vilains qui avaient supporté la grosse
part des rançons à payer et des engage-

(1) *Arch. Nat. JJ.* 108, nº 146, pièce citée par M. Luce.

ments d'honneur de leurs maîtres ; et
cette considération parlait plus haut
pour eux que ne faisait ce patriotisme
qu'ils ne connaissaient pas et n'avaient
point. Aussi la première nouvelle des
révolutions parisiennes trouva-t-elle les
Jacques assemblés dans la Champagne et
la Picardie. On porte à 100,000 leur
nombre dans la première de ces provin-
ces, et leur attaque de la forteresse de
Meaux est trop connue pour que nous la
rapportions ici. Aux environs de Vitry,
l'insurrection paraît avoir eu quelque
chose de plus réglé et de plus savant
dans ses prodromes. Il y eut des assemblées populaires où plusieurs villages envoyèrent leurs délégués, et cette convention si l'on en juge par une acte de
1358 (¹) devait se tenir à Saint-Vrain. Il
ne nous est rien resté de ces séances né-
cessairement tumultueuses où les Jacques
mettaient en commun leurs doléances,
cherchant entre eux les moyens de résister aux nobles et aux prêtres qui les tail-
laient sans merci. Sans doute ils partaient
de là en armes excités, montés, et se jetaient frénétiquement sur le premier châ-

(1) *Archives Nationales, JJ. 93.*

teau ou la première abbaye venue. Heiltz-
le-Maurupt fut un des villages qui se soulevèrent et envoyèrent leurs élus aux
réunions, ou comme ils les appelaient,
« aux conspirations, alliances et mono-
» poles encontre les nobles et clergié du
» pays pour les destruire et mettre à
» mort » (¹). Blacy (²), presqu'aux portes
de Vitry, avait aussi délégué plusieurs
des siens aux assemblées. Changy (³), le
plus malheureux de ces villages et le plus
ruiné, qui avait perdu près de soixante
de ses habitants dans la guerre, et qui
s'était trouvé exposé aux coups de main
de Vitry et d'une garnison sans scrupules,
prit aussi le parti des Jacques suivi aussitôt des gens de Saint-Ludmier les plus
énergiques de tous. Ceux-ci avaient levé
une véritable armée contre leur seigneur
Jean III de Saint-Dizier, seigneur de Vi-
gnory et grand-queux de France (⁴), et ils
avaient guerroyé longtemps avec d'autant
plus de mérite, que Jean passait pour un
puissant seigneur fort muni d'archers et

(1) *Archives Nationales,* JJ. 95, folio 9, verso.
(2) *Archives Nationales,* JJ. 95, folio 9.
(3) *Archives Nationales,* JJ. 95, folio 28, recto.
(4) Jean III était *grand-queux* (coquus), une de ces charges comme celle de *bouteiller*. Il est cité pour ses dé- mêlés avec Humbert de Beaufremont.

de bonnes forteresses. Il ne semble point d'ailleurs, en dépit de cette entente, que les excès des Jacques du Perthois, eussent rivalisé avec ceux de la Brie ou de l'Ile-de-France. Les rebelles, de l'aveu même du dauphin Charles, étaient pour la plupart, « gens de bonne vie et conversation honneste » (¹) et non des larrons de profession. Et le jeune prince n'est pas éloigné de rejeter sur d'autres la faute de ces paysans accablés.

Néanmoins la répression fut terrible. Henri V de Joinville, comte de Vaudémont et sénéchal de Champagne, l'un des vaincus de Poitiers, se chargea de ramener aux saines observances de la justice féodale les malheureux Jacques du Perthois (²). En sa qualité de haut justicier il forçait les coupables à comparaître devant lui, et sans les entendre les condamnait en bloc à d'énormes amendes. Heiltz-le-Maurupt devait payer mille écus d'or, partie au Roi, partie au sénéchal qui jugeait l'affaire. Blacy plus encore. Changy et Saint-Ludmier dont les habitans soup-

(1) *Archives Nationales*, JJ. 95, folio 28.
(2) Henri de Joinville, comte de Vaudémont était de la famille de l'historien de Louis IX. Il fut pris à Poitiers par les Anglais et dut payer une grosse rançon.

çonnés avaient fui, et dont les autres s'é-
taient fait représenter par des procureurs
à la cour du Comte, s'entendirent con-
damner en 1,200 florins d'or, également
applicables au juge et au Roi. Cette fois
la mesure était bien comble. Hors d'état
de subsister dans leurs champs dévastés,
leurs maisons démolies et pillées, après
les rançons payées pour leurs maîtres, les
Jacques allaient subir une exaction su-
prême et sans miséricorde. Devant eux
se dressait le terrible sénéchal très-dis-
posé aux mesures de rigueur, et ne les
différant que par égard pour les seigneurs
de ces villages dont les redevances fus-
sent demeurées impayées. Le Roi, de son
côté, craignait que les prestations en argent et en nature ne vinssent à lui man-
quer ; et, les murs du château de Vitry
tombant en ruine, il était urgent d'y
pourvoir. Mais d'où viendrait l'argent nécessaire si les Jacques se trouvaient hors
d'état de financer, et si la misère les forçait de sortir de France, de « s'absenter »
selon leur expression douloureuse ?

Au surplus, Henri de Joinville n'était
pas un juge équitable, et ses alliances avec
les maisons de Champagne le poussaient

aux violences (¹). Sa férocité pour les Jacques parut dure et exagérée à tout le monde, surtout au dauphin, « l'un des » souverains du moyen-âge, les plus » étrangers à l'engouement féodal » (²). Pour l'arrêter dans ses exécutions sommaires, le roi le blâma nettement, dans un acte en faveur des gens de Changy. On y lit ces lignes sévères : « Nous, pour con- » sideracion des grands et *âpres* execu- » cions que nostredit cousin (le comte de » Vaudémont) avoit fait et faisoit faire » oudit païs pour ochoison (occasion) des- » dites asemblées... remettons... etc. » A partir de ce jour, les amendes furent tempérées, les unes à la moitié, les autres au quart, et le Roi engageait les nobles et les prêtres à oublier les injures des Jacques, et ceux-ci, à ne plus se souvenir des injustices de leurs maîtres. Malheureusement il laissait aux uns et aux autres tous recours civils contre leurs adversaires, et faculté de se pourvoir en tous dommages et intérêts que de raison, pour fait de meurtre et d'incendie. A ce jeu de justice, les Jacques ne pouvaient

(1) Il avait épousé Jeanne de Châteauvilain.
(2) S. Luce, *Histoire de Du Guesclin*, p. 81.

lutter ; la suite le prouva d'abondance.

Il ne faudrait point croire par ce qui précède que toujours les rapports des nobles avec leurs vassaux eussent été à ce point tendus et déplorables. L'année qui précéda la Jacquerie, Jean de Châtillon-Dampierre (¹), seigneur de Sompuis, affranchissait ses derniers serfs Jean et Marie Camion de Sompuis, et leurs enfants Isabeau et Perrin de Vésigneul-sur-Coole. C'était, disait l'acte, en récompense de leurs bons services, de leurs « bienfais », et les enfants nés d'eux devaient jouir à perpétuité du privilége de leur liberté, même dans les ordres ou les armées, « comme se oncques ne eussent été de serve condicion » (²). Jean d'ailleurs n'en était pas à ses débuts de libéralité envers ses gens de Sompuis. Vingt ans auparavant il réglait les rapports de sa maison avec la ville, d'après la charte octroyée en 1292, et délimitait strictement ses droits, et ceux des bourgeois (³). Nous

(1) Ce Jean était de la grande famille des Châtillon-Dampierre, originaire de Châtillon-sur-Marne, et qui avait eu au moins 14 alliances avec les Capétiens. Il était fils de Gaucher de Châtillon comte de Portien. Il mourut fort âgé en 1363.

(2) *Arch. Nat.*, JJ. 84, f° 218, v°.
(3) *Arch. Nat.*, JJ. 81, f° 286.

ne nous arrêterons point plus longtemps sur cette charte qui à elle seule demanderait une consciencieuse étude, par l'importance même de ce Jean de Châtillon, dont la famille eut au moins quatorze alliances avec la maison royale de France. Nous nous contentons de la signaler ici, en souhaitant que les curieux d'histoire locale étudient cette pièce avec le soin qu'elle semble mériter.

Nous n'avons fait qu'effleurer rapidement les guerres en Champagne pendant la période de 15 ans écoulée depuis l'année 1354 environ. Ici encore les registres du Trésor des Chartes nous font connaître une foule de faits isolés, d'épisodes curieux, qui réunis et mis en place pourraient fournir matière à de gros volumes sur les incursions des Anglo-Navarrais et les pillages des Compagnies. C'est ainsi que dans un petit village du Perthois, au milieu de la salle chétivement éclairée d'une misérable auberge, par un temps froid et brumeux, le 8 février 1356, monseigneur Philippe de Navarre, comte de Longueville, frère du roi Charles-le-Mauvais, se trouvait en mince équipage gardé à vue par le comte Henri de Bar

(¹). Le village se nommait Saint-Mard-sur-le-Mont, et Philippe de Navarre était alors prisonnier du roi de France (²). Capturé quelque temps auparavant par Henri de Bar, capitaine de Châlons, Philippe avait obtenu un répit pour traiter de sa rançon et de ses affaires personnelles : seulement Henri exigeait de bonnes références et ne voulait remettre son captif qu'aux gens du roi. Ceux-ci tout aussitôt entrèrent dans l'auberge ; c'étaient Jean de Conflans, maréchal de Champagne, massacré deux ans plus tard par Etienne Marcel, Eudes de Grancey de la maison de Pierrepont, et le bailli de Vitry Colard de Saulx. Aux côtés du prisonnier se tenait son secrétaire nommé Jean Froissart. Après des pourparlers de quelques instants pendant lesquels Henri de Bar sauvegarda ses droits, le secrétaire de Philippe de Navarre lut les conventions nouvelles. Il y était dit que Philippe ne tenterait plus rien contre

(1) Henri de Bar, seigneur de Pierrefort, capitaine de Châlons-sur-Marne pour le roi, réduisit plusieurs châteaux du Perthois en l'obéissance de Jean-le-Bon. Il était de la famille des ducs de Bar.

(2) Philippe de Navarre était le second de Charles-le-Mauvais et ne cessait de conspirer contre la France. L'année même qui nous occupe, après sa mise en liberté, il souleva la Navarre.

le roi pour son frère Charles-le-Mauvais.
En retour de ces promesses il serait li-
bre.

Alors dans la petite chambre, tous les
chevaliers se levèrent et jurèrent à haute
voix d'accomplir les traités. Il était sti-
pulé que le roi de Navarre serait mis hors
de cause « pour ce que présentement il
» n'est mie... en lieu que l'on peust ad
présent avoir seurté de luy (¹). » On lui
épargnait ainsi une violation certaine des
conventions, car il n'était point si fol que
de tenir une parole donnée du fond d'un
pays perdu à des gens du roi par un captif, ce captif fût-il son frère. D'ailleurs,
Philippe ne manqua point non plus de se
parjurer. L'année qui suivit la convention
de Saint-Mard-sur-le-Mont vit les deux
frères en alliance plus assurée avec les
Anglais vainqueurs contre le roi vaincu (²).

Pendant la grande invasion qui dura
jusqu'au traité de Brétigny, la ville de

(¹) *Arch. Nat. JJ.* 84, folio 235, verso La pièce renferme en substance tout ce que nous rapportons ici.

(²) Charles-le-Mauvais fit aussi alliance avec Marcel,
mais il ne faudrait pas que les jugements portés sur le Pré-
vôt des marchands par les esprits du XIXᵉ siècle, fissent
prendre le roi de Navarre pour une sorte de roi constitution-
nel égaré au XIVᵉ siècle. Rien n'était plus éloigné de lui
que ces tendances démocratiques. Il le prouva maintes fois.

Vitry n'échappa point à l'incendie, pour ainsi dire périodique, qui la réduisait en cendres de temps à autre. En août 1364, le Roi de France récompense un humble notaire de Vitry-en-Perthois, lequel avait grandement et noblement combattu pour la cause française (¹). Et la pièce si curieuse d'où nous extrayons ce qui suit nous montre, comme le fera 200 ans plus tard une procédure conservée aux archives de Vitry-le-François (²), les habitants de l'ancienne ville incendiant et démolissant eux-mêmes leurs maisons pour résister à l'ennemi. Nous citons ici le texte tout entier dans sa simplicité éloquente, parce qu'il repose singulièrement des meurtres et des pillages ordinaires de ces temps. Le roi enrichit Colard Caton, le notaire, « pour les pertes qu'il a
» euz et soutenus par nos guerres en la
» ville de Vitri et ailleurs, en laquelle
» ville tous ses édifices et maisons qui es-
» toient grans et puissans ont été ars (brû-
» lés) : c'est assavoir partie par nos enne-
» mis et le demourant *abattu et demolu tant*

(1) *Arch. Nat.* JJ. 9?, folio 24, verso.
(2) Cette pièce a été publiée par G. Hérelle : *Mémoire pour les habitants de Vitry-en-Perthois contre ceux de Vitry-le-François, 1587.* Paris, H. Menu, in-4°, 1878.

» *par les habitants de ladite ville et le Chas-*
» *tellain de nostre chastel d'ilecques,* et
» mis là où il leur a pleu, tant en la ré-
» paracion de ladite ville comme ail-
» leurs. » Ainsi, non-seulement l'ennemi,
mais les habitants de Vitry avaient jeté
bas les logis de Colard Caton pour répa-
rer les murailles et les forteresses. Il y a
là un remarquable exemple d'énergie et
de bravoure désespérée dont les chroni-
queurs ne parlent pas et que nous avons
tout lieu de croire ignoré. Aussi n'est-ce
que justice de rendre ici un public hom-
mage au tabellion modeste, dont la guerre
fit un héros et qui livra sans murmure les
pierres de ses maisons aux brèches des
murailles. D'ailleurs il ne fut point seul
à mériter les faveurs royales durant les
guerres des Anglais. Henri d'Ambonnay,
de Sainte-Menehould, était venu assiéger
Luxémont pour le compte du roi de France,
et en plusieurs circonstances il avait combattu sous les ordres d'Henri de Bar.
Simple écuyer, roturier de naissance, sa
valeur mérita que Henri de Bar réclamât
pour lui à la Cour. Il fut reconnu que le
sieur d'Ambonnay méritait à tous égards
l'anoblissement des chevaliers pour sa

« preudhommie » ; on ne le lui marchanda
pas (¹).

Les invasions Anglo-Navarraises eurent
une conséquence terrible, les Compagnies. En Champagne les *courses* furent
comme partout ailleurs une cause nouvelle de ruine et de désolation. Il faut lire
dans la belle histoire de B. Du Guesclin
par M. Luce, le détail navrant des infa-
mies commises par ces « brigands », les
colères qu'ils soulevèrent, et les énergies
qui s'éveillèrent dans le désarroi. Dès la
fin de 1358, les bandes occupent plus de
soixante forteresses dans le pourtour de
la capitale, et aux environs de Vitry seulement Hans, Luxémont, Passavant, Possesse, Vertus, sans compter les lieux forts
éloignés, au nombre de plus de vingt. Les
Français tiennent Châtillon, Etrepy, La
Neuville-aux-Bois, Sainte-Menehould, Vitry et quelques places vers Reims, Eper-
nay et Bar-sur-Aube. (²) Dans cet entre-
lacement de forteresses ennemies entre
elles il régnait un désordre inexprimable,
et les rivalités entre villages voisins gran-
dissaient. Les pays rançonnés entraient

(1) *Arch. Nat* JJ. 95, folio 24, verso.
(2) S. Luce, *Histoire de Du Guesclin, p.* 485.

en guerre contre les privilégiés que les Anglo-Navarrais ménageaient, et il y eut de sanglantes mêlées, comme à Mathaux vers Brienne, où le curé et les habitants refusèrent de payer, et se jetèrent sur les gens de Radonvilliers qui finançaient sans protester. (1) La situation empira, lorsque les compagnies, licenciées et abandonnées à elles-mêmes, parcoururent le pays, cherchant le butin et détroussant le monde. Il en vint ainsi dans la petite ville de Fismes où elles prirent plusieurs personnes et les maltraitèrent « en pluseurs guises de divers tourmens. » (2) Parmi leurs prisonniers se trouvait un nommé Dimanche Postelet, craintif et peureux bourgeois à qui les compagnies inspiraient une telle peur qu'elles le compromirent gravement. Tantôt les Compagnons le voulaient forcer à combattre contre ceux de France, ou bien ils le condamnaient à des missions humiliantes et s'amusaient de sa mine épouvantée et de sa docilité niaise. Tant et si bien que les brigands une fois partis, Dimanche Pos-

(1) *Arch. Nat.* JJ. 99, n° 182. Nous citons ici le n° de la pièce parce que M. Luce la donne ainsi. Cf. *Hist. de Du Guesclin*, p. 341.
(2) *Arch. Nat.* JJ. 100.

telet se vit accuser un peu par tout le
monde. Le gros nom de traître courait
communément parmi les gens de Fismes,
et les justiciers du Roi le citaient en leur
cour. Dimanche avait esquivé un grand
danger pour un pire. Il expliqua longue-
ment et confusément que ses complai-
sances pour les ennemis ne provenaient
point de sympathies, mais bien des crain-
tes où il était, qu'ils « ne se esmeussent
contre la ville et icelle ardissent et meis-
sent à destruction. » Ainsi la peur de voir
Fismes brûlée et détruite avait donné à
Dimanche le courage méritoire de paraî-
tre un insigne poltron et un sot. Mais la
défense du pauvre homme, si embrouillée,
si malencontreuse, devint pour lui une
circonstance atténuante ; on rit et on pardonna.

Les compagnies ne se contentaient point
toujours de ces vexations sur place et les
récalcitrants payaient souvent de prison
ou de mort leur colère mal contenue. Alors,
si ces brigands tuaient, ils le faisaient avec
mille tortures : s'ils emmenaient leurs
prisonniers, ils les chargeaient de chaînes, les liaient sur des ânes et les jetaient
au fond des plus lugubres prisons, exi-

geant des rançons énormes, et celles-ci une fois payées, gardaient hommes et écus. (¹) Nous ne voyons rien, dans toute l'histoire de ces époques, de comparable à l'aventure du sieur de Vervin, de Troyes, captif des Compagnies et enfermé dans un noir cachot. Il se tenait là depuis un instant, les fers aux pieds et aux mains, rivé à la muraille humide, et rançonné pour une somme si considérable qu'il doutait de la payer jamais, quand il aperçut près de lui, dans l'ombre du cachot, un chevalier et sa femme aussi géhennés et cloués qu'il l'était lui-même. Il apprit d'eux qu'ils devaient payer 43 livres de rachat à peine de mourir en prison, et que depuis longtemps le chevalier demandait un sursis pour aller quérir la somme nécessaire sans qu'on le lui accordât.

Cependant les Compagnons se laissèrent tenter et donnèrent trois semaines. Le chevalier partit laissant sa femme « en » grant dangié d'estre violée et deshon- » norée du corps, » mais il ne revint pas, manquant à sa foi jurée à la pauvre dame.

(1) Voy. S. Luce. *Hist. de Du Guesclin* au chapitre des Compagnies.

Henri de Vervin resté seul avec la dé-
laissée, la consolait autant que le lui per-
mettaient ses lourdes chaînes de ses jam-
bes, et la ceinture de fer qui le liait à le
briser. Un jour la dame tomba à ses ge-
noux, le priant, « que pour l'amour de
» Dieu et de la Vierge Marie, et en l'on-
» neur de gentilesce il vousist estre pleige
» pour elle de sa dite rançon. » Mû de
pitié le chevalier le voulut bien, et comme
la somme était moindre que celle qu'il
avait à donner lui-même, il constitua paye-
ment des 43 livres. Il devait alors rester
en prison jusqu'au prochain retour de la
dame et de son mari qui pour récompense
l'aideraient à leur tour. Il ne revit jamais
personne. Les jours se passèrent et Henri
restait fixé à la muraille sans plus d'es-
poir de sortir jamais et en grande frayeur
du dernier supplice.

Comment parvint-il à s'échapper? l'acte
que nous analysons ne le dit pas ; mais
il faut supposer qu'il employa la ruse ou
l'aide d'un geôlier, car les Compagnons
l'eussent plutôt laissé mourir de faim,
comme tant d'autres. A peine délivré, il
courut chez ses débiteurs, leur reprocha
leur félonie, et réclama son dû en homme

qui n'a pas à pousser plus loin « la gen-
tilesse. » On le berça de raisons mauvai-
ses, on le renvoya de jour à autre, si bien
que Henri se fàcha et « fist deffier ledit
» escuier comme par la coustume du païs
» de Champagne il soit loisible choze aux
» nobles f:ire. » Le défi fut porté par des
hommes résolus qui enlevèrent l'autre,
sur son refus de se battre, et l'emmenè-
rent aux prisons de Saint-Loup-aux-Bois
dans les Ardennes, château-fort du domaine de Henri de Vervin. La dame eût
pu prier et supplier à cette heure ; le ga-
lant chevalier d'autrefois fût resté inflexi-
ble.

La fortune des combats conduisit Henri
loin de Saint-Loup. Durant ce temps son
prisonnier usa de tels artifices que dans
une nuit il rompit les fers de sa jambe gau-
che, les lia le long de l'autre et recom-
mandant son âme à Dieu, il sauta du haut
de la muraille dans le fossé plein d'eau
qui environnait le château. Il s'y noya.
Quatre jours après son cadavre apparut
à la surface portant encore un anneau de
la chaîne de fer. (¹)

Tel est ce récit que l'on dirait extrait

(1) *Arch. Nat.* JJ. 100, p. 61.

d'un gros drame larmoyant ou d'un opéra romantique. A dire vrai il ne prouve pas grand'chose contre les Compagnies, sinon que sans elles, Henri de Vervin n'eût probablement jamais rencontré l'autre en son chemin. Mais il n'y a point lieu de diminuer leur part de responsabilité dans l'affaire. Nous avons donné cet épisode moins pour chercher des arguments contre les Compagnons, que pour faire pénétrer le lecteur dans cette vie du XIVe siècle, si merveilleusement tourmentée, dans laquelle les nobles rivalisaient de traîtrise et déloyauté avec les derniers coupe-jarrêts du monde.

Nous avons laissé entrevoir dans son application le droit féodal, avec ses sanctions fantaisistes et ses suites lugubres. Nous eussions pu accumuler les exemples si nous ne craignions d'abuser de la place qui nous est si libéralement départie. Toutefois il faut bien avouer que même dans ces temps on eut par instants le mot pour rire, et que souvent les appareils de tortures les plus raffinés tombèrent devant les violons d'une noce ou les gaîtés d'un repas de fiançailles. Ce fut ce qui advint à un pêcheur de Wez, près de

Thuisy. Il avait fourragé en compagnie
de plusieurs complices dans les viviers
de l'archevêque de Reims, un terrible
homme qui n'aimait guère les « gens de
néant. » (1) Aussi le pêcheur avait-il été condamné à la potence. La veille de l'exécu-
tion, une jeune fille nommée Catherine,
d'Audenarde, demanda à parler au pre-
lat, et ayant été admise à l'audience, elle
le pria simplement de lui laisser épouser
le condamné, l'assurant qu'elle saurait
bien en faire « un preudomme » et l'em-
pêcher de recommencer. L'archevêque
n'avait la sévérité inexorable que pour
les échevins de la ville de Reims : le pêcheur de Wez ne l'embarrassait guère. Il
se laissa toucher, et jouant gaîment sur
le mot de pêcheur, il accorda la grâce,
disant : « qu'il ne veult pas la mort du
» pecheur, maiz que il convertisse ! »
Catherine ne comprit pas le trait, mais
n'en fut pas moins joyeuse et contentée. (2)

Nous terminons ici cette étude en souhaitant sincèrement une histoire définitive
de l'ancien Perthois ; mais il serait dési-
rable que l'œuvre entreprise s'arrêtât au

(1) Marlot, *Hist. Métropol. Remensis*, t. II, p. 572.
(2) *Arch. Nat.* JJ. 81.

sac de Vitry-le-François par l'empereur
Charles-Quint. A proprement parler, la
ville nouvelle qui remplaça la première,
perdit du jour au lendemain ses traits d'ori-
gine : elle se peupla un peu au hasard, des
familles dispersées par la guerre, des émi-
grants venus de partout, et peu à peu se
constitua une vie essentiellement diffé-
rente de celle des anciens Champenois
tous gens d'épée et aimant les batailles.
Pour Vitry-le-François, c'est la magis-
trature, les gens d'affaires, le clergé qui
paraissent avoir accaparé les emplois,
alors que dans la ville détruite, les bourgeois, les hommes d'action, les chevaliers et les nobles pourraient bien avoir
tenu la bonne place et conduit les affaires.
Et notre hypothèse, pour n'être point
plus affirmative, ne laisse pas que de re-
poser sur des faits certains et péremptoi-
res. Elle ne tardera pas, nous l'espérons,
à recevoir la confirmation sérieuse d'un
bon livre sur le vieux Perthois.

FIN.

Vitry-le-François, Typ. PESSEZ et Cie.